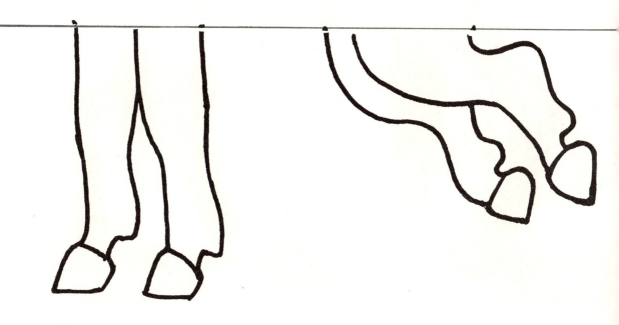

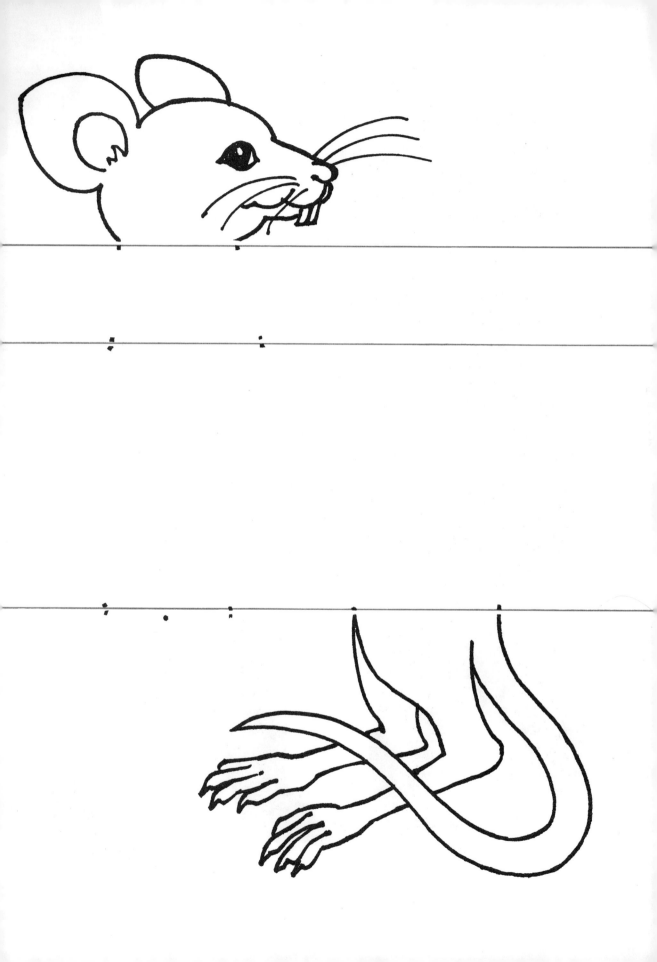

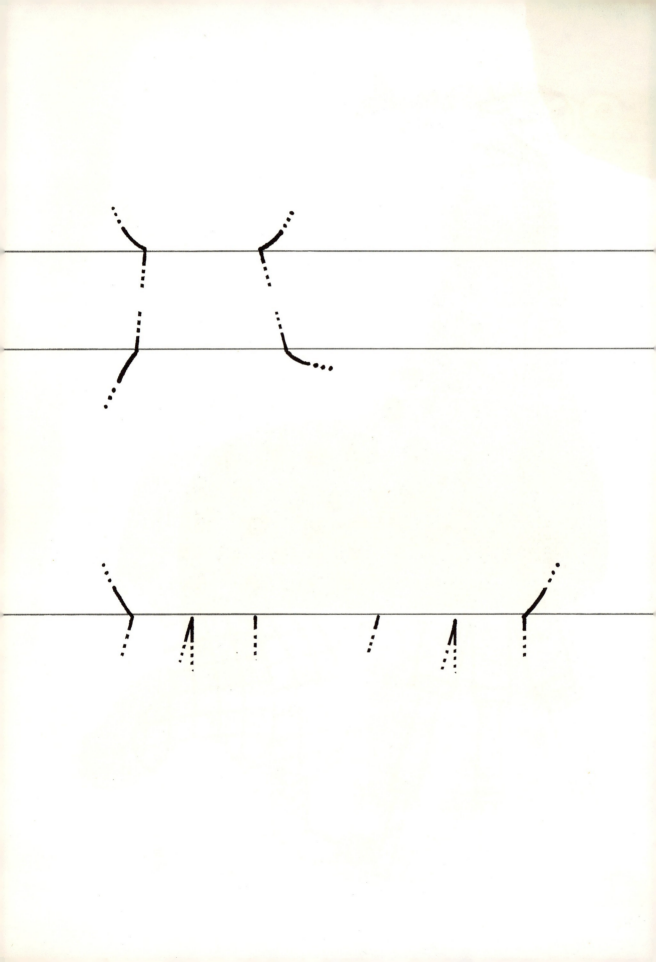

Noch mehr
Spiel und Spaß gewünscht?
Es gibt schon über 20 Ravensburger
Spiel- und Spaßbücher. Zum Beispiel: Papierflieger,
Bilderkreuzworträtsel, Auf in die Ferien oder
die 8 verschiedenen 1000 Punkte Hefte
von Hans Jürgen Press

ab 5 Jahren

Ravensburger Spiel- und Spaßbücher · 2. Auflage
Nach einer Idee von dem Ravensburger Spiel „Zoo-Mix-Max"
© 1979 by Otto Maier Verlag Ravensburg
Alle Rechte vorbehalten, auch die der
gewerblichen Auswertung aller Art
Nachdruck nur mit Genehmigung des Verlages
Printed in Germany by aprinta, Wemding 1980

ISBN 3-473-37072-X   **Otto Maier Verlag Ravensburg**